Fiche **notion**

Par Alberto Molina

Théorie et expérience

LePetitPhilosophe.fr

INTRODUCTION

Une théorie est un système d'idées, de croyances ou de propositions permettant d'interpréter un ensemble de faits dans l'intention de les expliquer. C'est donc **un type de connaissance qui repose sur une construction intellectuelle** plus ou moins élaborée. Une théorie est dite scientifique lorsque son élaboration est conforme aux normes et aux principes de la méthode scientifique.

L'expérience, en philosophie, est **un type de connaissance sensible** qui repose sur la saisie directe de données externes au sujet par les organes des sens ou sur la sensation d'états internes comme les émotions. Dans la langue courante, on distingue cette connaissance sensible immédiate (« faire l'expérience de quelque chose ») de :

- la connaissance que l'on acquiert avec le temps ou la pratique (« avoir de l'expérience ») ;
- la connaissance ponctuelle obtenue en réalisant un essai, une tentative (« faire une expérience ») ;
- la connaissance scientifique acquise à travers l'observation systématique et contrôlée d'un phénomène, c'est-à-dire une expérimentation.

La relation entre les notions de théorie et d'expérience renvoie à **la problématique générale de l'acquisition et de la construction des connaissances**.

On peut formuler le problème dans les termes suivants : **la connaissance empirique, sensible, et la connaissance**

rationnelle, théorique, sont-elles indépendantes l'une de l'autre ou, au contraire, intimement liées ? Peut-on observer d'abord et ne raisonner qu'ensuite ou l'observation s'appuie-t-elle déjà sur une théorie préalable ? Dans quelle mesure l'expérience permet-elle de vérifier une théorie ? En quoi consistent la vérité et l'objectivité scientifiques ?

Niveaux de lecture :

*** : incontournable

** : à ne pas négliger

* : pour approfondir

APPROCHES DE LA NOTION

DEUX MODES DE CONNAISSANCE DIFFÉRENTS

L'expérience, une connaissance trompeuse *

Dès l'Antiquité, certains philosophes opposent la connaissance sensible et la connaissance intellectuelle. D'après **Platon** (427-347 av. J.-C.), **toutes les choses que nous connaissons à travers l'expérience**, c'est-à-dire par le biais de nos sens, **ne sont que des apparences trompeuses**. Or derrière la multiplicité, l'instabilité et l'impermanence des choses sensibles se cachent des réalités universelles, immatérielles et immuables qui ne sont accessibles qu'à l'intellect, à la raison : les Idées. Celles-ci constituent des archétypes de la réalité d'après lesquels les objets du monde visible sont formés.

Dès lors, Platon veut s'élever par la raison jusqu'au monde des Idées ou monde intelligible, fondement ultime de toute réalité et de toute vérité (citation 1). Pour lui, **la connaissance suprême est la contemplation** (*théôria* en grec) **des Idées**, et cette contemplation ne peut se faire qu'avec les yeux de l'esprit.

L'expérience subordonnée à la connaissance théorique *

Contrairement à Platon, **Aristote** (384-322 av. J.-C.) affirme que **l'expérience est la source de tout savoir véritable**. En effet, c'est à partir de l'expérience, qui est une connaissance directe du particulier, c'est-à-dire des choses concrètes, que l'on peut accéder à la connaissance du général.

De plus, dit-il, le savoir est inutile s'il n'est pas accompagné d'expérience. Ainsi, le médecin sans expérience peut se tromper dans son traitement s'il connait les règles générales de la médecine, mais ignore le cas singulier qu'il a à traiter.

Néanmoins, **l'expérience seule est souvent vaine et ne constitue pas en elle-même un savoir**. L'expérience nous dit par exemple que le feu est chaud, mais elle ne nous dit pas pourquoi il l'est (citation 2). Pour Aristote, le savoir véritable, la science proprement dite, réside dans la connaissance des causes. C'est ce que nous appellerions aujourd'hui une connaissance théorique par opposition à la connaissance empirique.

Par ailleurs, Aristote développe une méthode pour que la science puisse se développer indépendamment de l'expérience : la logique.

La théorie subordonnée à l'expérience **

Francis Bacon (1561-1626) reformule et transforme la conception aristotélicienne de la science comme connaissance des causes. Comme le philosophe grec, il souligne l'importance de l'induction, qui consiste en l'observation de phénomènes particuliers et la recherche de lois générales à partir de ces observations, mais la méthode qu'il propose va bien au-delà.

D'après Bacon, notre esprit est plein d'idées préconçues qui déforment notre perception et qui nous font voir les choses non pas comme elles sont, mais conformément à nos croyances. Pour instaurer le nouveau système des sciences que Bacon envisage :

- il faut commencer par se débarrasser de tous les préjugés qui altèrent notre expérience sensible ;
- ensuite, en partant de l'observation méthodique des phénomènes, il devient possible de produire par induction les théories qui les expliquent (citation 3) ;
- mais cela n'est pas tout, car Bacon est le premier philosophe à exiger une **démonstration expérimentale des théories scientifiques**. C'est-à-dire qu'il demande que de nouvelles expériences soient réalisées afin de compléter les observations et de confirmer ou infirmer les explications théoriques.

Dès lors, ce n'est plus l'expérience qui est subordonnée à la connaissance théorique, comme chez Aristote, où cette dernière jouissait d'une certaine autonomie, mais au contraire, **c'est la théorie qui dépend de l'expérience pour sa confirmation**.

LA POLÉMIQUE DU RATIONALISME ET DE L'EMPIRISME

Aux XVIIe et XVIIIe siècles, la théorie de la connaissance oppose deux courants de pensée contradictoires et apparemment inconciliables, le rationalisme et l'empirisme, qui placent respectivement la raison et l'expérience au cœur du savoir philosophique et scientifique.

La raison comme unique garant de la vérité ***

René Descartes (1596-1650) et les philosophes rationalistes postérieurs soutiennent que **la raison est la source et le garant de toute connaissance véritable**.

Leur doctrine peut se résumer en quatre points :

- l'expérience est une source d'erreurs et d'illusions ;
- seule la raison permet d'atteindre des connaissances certaines (à l'instar des mathématiques) ;
- la déduction rationnelle est le modèle du savoir ;
- dès la naissance, notre esprit connait certaines vérités (les idées innées) à partir desquelles la raison peut atteindre par déduction toutes les autres vérités.

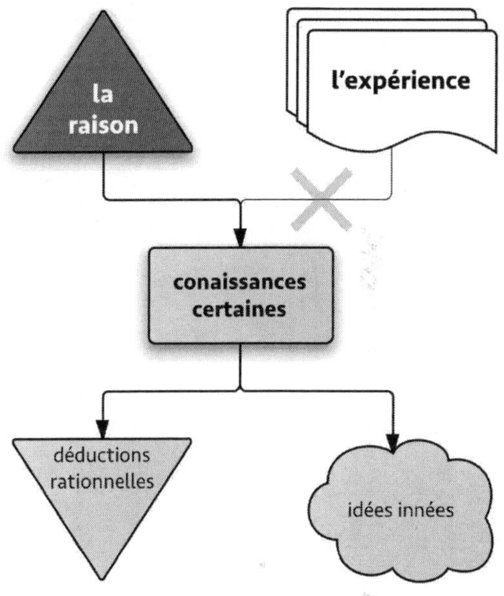

L'expérience comme fondement de toute connaissance du réel ***

Les philosophes empiristes, parmi lesquels Francis Bacon fait figure de précurseur, affirment au contraire que **toute connaissance vient de l'expérience** et que la vérité s'appuie sur l'observation du réel (citation 4).

Leur doctrine peut se résumer en quatre points :

- l'expérience est le fondement de toutes nos connaissances ;
- la raison pure ne nous apprend rien sur le monde qui nous entoure ;
- l'induction empirique est le modèle du savoir ;
- il n'y a pas d'idées innées, car, à la naissance, notre esprit est comme une feuille blanche (*tabula rasa*) sur laquelle viennent s'imprimer les sensations que l'expérience nous apporte.

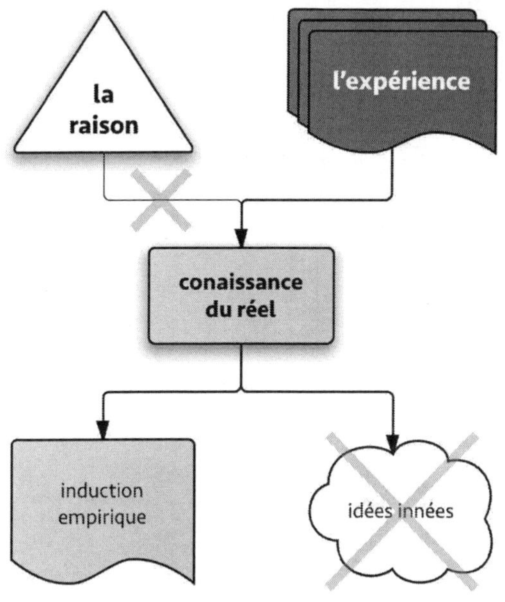

Dans son *Enquête sur l'entendement humain* (1748), **David Hume** (1711-1776) accorde cependant à la raison un rôle important dans le processus de la connaissance :

- d'une part, il reconnait l'existence d'une connaissance démonstrative qui n'implique pas directement l'expérience. C'est le cas des vérités mathématiques qui portent, dit-il, sur des relations d'idées et pas sur des choses de fait ;

- d'autre part, il reconnait l'existence d'idées complexes produites activement par l'imagination, c'est-à-dire par l'entendement, à partir de l'association et de la combinaison d'idées simples provenant des impressions sensibles.

Le rôle actif de l'entendement dans l'élaboration des idées complexes implique que **l'expérience n'est pas entièrement indépendante de la raison** et ne se limite pas à l'enregistrement des impressions sensibles. Pour faire l'expérience d'un objet (la table qui est devant nous, par exemple), nous devons combiner une multitude de sensations diverses pour construire une représentation spatiale et temporelle de l'objet auquel elles se rapportent. L'expérience n'est donc jamais immédiate, instantanée : **l'expérience est toujours une construction**. Mais les procédures de cette construction demeurent inconscientes pour le sujet.

La synthèse de l'empirisme et du rationalisme *

Emmanuel Kant (1724-1804) renverse le problème de la connaissance tel qu'il était posé par les rationalistes et les empiristes. Il explique que **la sensibilité et l'entendement sont co-constitutifs de la connaissance des objets extérieurs**.

Selon le philosophe :

- pour que l'expérience d'un objet quelconque soit possible, il faut donner aux sensations une structure conforme à la structure de notre esprit ;
- c'est la sensibilité qui, dans un premier temps, donne aux sensations une structure spatiotemporelle (l'espace et

le temps sont des formes à priori de la sensibilité, c'est-à-dire qu'ils sont posés par le sujet indépendamment de toute expérience) ;

- ensuite, l'entendement applique, à son tour, à ces sensations une série de concepts purs ou catégories (les formes à priori de l'entendement) sans lesquels les sensations ne seraient pas pensables (citation 5) ;
- entre la sensibilité et l'entendement se trouve l'imagination, qui joue un rôle fondamental d'intermédiaire.

L'expérience d'un objet quelconque est donc le résultat d'un processus complexe de construction faisant intervenir à la fois des éléments externes au sujet (le donné de la sensation) et des éléments internes (l'espace, le temps et les catégories).

Depuis cette perspective, la vieille opposition entre la connaissance empirique et la connaissance intellectuelle n'a pas lieu d'être. *La Critique de la raison pure* (1781-1787) de Kant marque ainsi un tournant dans le débat sur la connaissance humaine et constitue la référence incontournable des réflexions philosophiques postérieures.

BON À SAVOIR

L'**entendement** désigne la faculté de penser ou de connaitre en général. Les philosophes modernes distinguent la sensibilité de l'entendement, mais certains y voient une continuité ou une simple différence de degré.

LA CONNAISSANCE SCIENTIFIQUE : À CHEVAL ENTRE LA THÉORIE ET L'EXPÉRIENCE

La théorie précède toujours l'expérience **

Gaston Bachelard (1884-1962) analyse la formation de la connaissance scientifique du point de vue de sa pratique effective. D'après lui, les conceptions empiriste et rationaliste de la connaissance ne rendent pas compte de la manière dont se construisent effectivement les sciences.

Penser scientifiquement, dit-il dans *La Philosophie du non* (1940), c'est se placer dans le champ intermédiaire entre théorie et pratique, entre mathématiques et expérience. Mais **c'est la théorie qui doit orienter, et même anticiper, l'expérience, et non pas l'inverse**. Pour qu'une observation soit reconnue comme ayant une valeur scientifique, il faut d'abord que sa réalité soit reconnue, et cette reconnaissance passe par l'intégration dans un système théorique. Autrement dit, les sciences ne partent jamais de zéro, de l'expérience pure ; il existe toujours un système théorique préalable à la lumière duquel les données d'expérience reçoivent une interprétation.

L'une des principales contributions de Bachelard à l'épistémologie contemporaine est le concept de coupure épistémologique : **les connaissances scientifiques nouvelles naissent de la destruction et du dépassement des connaissances antérieures** (citation 6). L'histoire des sciences est donc marquée par une série de coupures épistémologiques : certains éléments essentiels des modèles scientifiques en vigueur ont dû être rejetés et abandonnés pour que des modèles nouveaux et meilleurs puissent occuper leur place. La connaissance scientifique avance toujours en révisant les connaissances précédentes, autrement dit en corrigeant ses propres erreurs. L'expérience scientifique, dit Bachelard, est une expérience qui contredit l'expérience commune et où chaque nouvelle expérience remet en question les précédentes. Par conséquent, **la connaissance scientifique n'est pas immédiate** : chaque donnée empirique et chaque concept théorique sont le fruit d'un processus laborieux de construction et de rectification rationnelles. Dans les sciences, rien n'est donné, tout est construit.

> ## BON À SAVOIR
>
> L'**épistémologie** désigne, de manière générale, l'étude des processus de la connaissance, soit la théorie de la connaissance. Dans un sens plus restreint, elle renvoie à l'étude de la science et de ses méthodes.

La critique de l'induction et l'élaboration du modèle hypothéticodéductif ***

Karl Popper (1902-1994) est l'un des philosophes des sciences les plus influents du XXe siècle. On lui doit notamment **la critique de l'induction**, qui s'inspire de la philosophie de Hume.

Pour les philosophes de la tradition empiriste, la démarche scientifique obéit à la logique de l'induction, dont il existe deux formes :

- **l'induction répétitive**, qui consiste à formuler une loi théorique générale à partir de l'observation répétée de certains phénomènes particuliers. Popper reprend la critique de Hume selon laquelle cette méthode n'apporte aucune vérité universelle et nécessaire. Mais il va plus loin en affirmant qu'elle n'apporte pas non plus de vérité probable. En effet, aucun nombre d'observations de cygnes blancs ne nous permet de dire que tous les cygnes sont blancs ni que la probabilité d'en observer un noir s'en trouve réduite ;
- **l'induction par élimination**, qui consiste à éliminer les théories fausses à partir de l'observation de contrexemples jusqu'à ce qu'il ne reste plus que la théorie vraie. Popper montre que le nombre de théories logiquement possibles pour résoudre un problème donné est infini. Et comme nous ne pouvons envisager et soumettre à l'examen de l'expérience qu'un nombre fini de théories, l'élimination de toutes les théories fausses est une tâche impossible.

Puisque l'induction n'est pas justifiée et ne peut donc pas servir de méthode pour les sciences, Popper propose de renverser l'ordre dans lequel s'acquièrent les connaissances : il élabore alors **le modèle hypothéticodéductif** avec le philosophe Carl Gustav Hempel (1905-1997). Il s'agit aujourd'hui de la méthode scientifique la plus couramment employée dans les sciences empiriques (sciences de la nature et sciences sociales).

Selon Popper, **ce n'est pas de l'expérience qu'il faut partir,**

mais de la théorie. Et chaque théorie est la réponse à un problème. Pour les résoudre, il faut commencer par énoncer des conjectures théoriques audacieuses et les soumettre ensuite à l'expérimentation. Le modèle hypothéticodéductif décrit les étapes qui vont de l'identification d'un problème à sa résolution :

- pour résoudre un problème, le chercheur doit imaginer une solution possible sous forme d'hypothèse théorique ;
- puis, pour tester son hypothèse, il doit en déduire des conséquences qui feront l'objet d'une expérimentation ;
- enfin, si les résultats de cette expérimentation correspondent à ce qui était prévu, l'hypothèse est confirmée, sinon elle est réfutée.

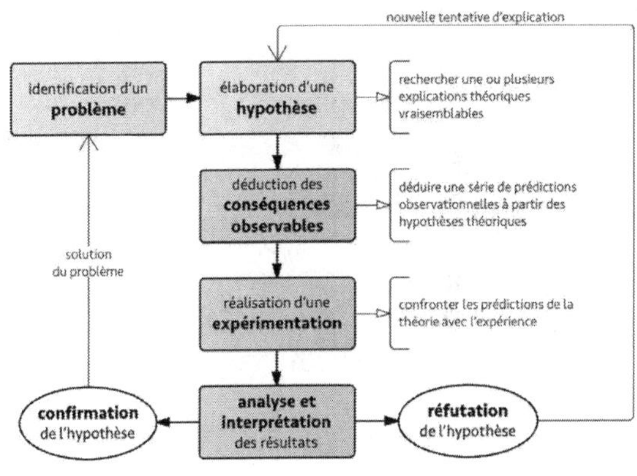

L'expérience ne peut que réfuter les théories ***

La remise en question de l'induction conduit **Popper** à tirer une conclusion originale : **les théories scientifiques ne peuvent pas être vérifiées**, explique-t-il dans *La Logique de la découverte scientifique* (1934). On ne peut jamais démontrer qu'une théorie est vraie, car aucun nombre de confirmations expérimentales ne peut garantir l'absence totale de contrexemples.

L'épistémologie de Popper se rapproche de celle de Bachelard puisqu'il estime que c'est en corrigeant leurs erreurs que les scientifiques font progresser la connaissance. C'est en réfutant des théories, qui jusque-là avaient été confirmées par l'expérience, qu'ils peuvent en inventer de meilleures. Dès lors, **la réfutation est la clé de voute du modèle hypothéticodéductif**.

Popper remplace donc le critère de vérité des empiristes par un critère de falsifiabilité : l'accord avec l'expérience ne nous permet pas de savoir si une théorie est vraie, mais le désaccord nous dit qu'elle est fausse. Ce critère a en outre l'avantage de distinguer les théories scientifiques de celles qui ne le sont pas. C'est ce qu'on appelle un critère de démarcation entre la science et la non-science.

En somme, **une théorie scientifique est une théorie réfutable, c'est-à-dire dont on peut montrer qu'elle est fausse** (citation 7), et l'activité des chercheurs consiste en partie à essayer de la falsifier. La théorie de la relativité d'Einstein, par exemple, permet de formuler un grand nombre de prédictions observationnelles très précises. Si une seule de ces prédictions était contredite par l'expérience, la théorie serait réfutée. Or cela fait maintenant presque un siècle que les chercheurs essayent de démontrer qu'elle est fausse, en vain. Après avoir réalisé un nombre incalculable d'observations et d'expérimentations diverses et variées pour la mettre en défaut, les physiciens n'ont toujours pas trouvé la faille.

La charge théorique des observations *

Le modèle hypothéticodéductif repose sur l'idée que **les théories scientifiques doivent être confrontées au tribunal de l'expérience**, et la métaphore du tribunal n'est pas anodine. Dans un jugement, il est essentiel que le juge soit absolument impartial. S'il ne l'était pas, la sentence ne pourrait être valable. Or l'impartialité du juge repose en partie sur le fait qu'il n'entretient aucune relation avec l'accusé. En identifiant l'expérience à un juge, les philosophes des sciences veulent donc souligner l'idée que **les résultats d'observation doivent être indépendants et neutres vis-à-vis des hypothèses théoriques** qu'ils permettent de confirmer ou d'infirmer. Il s'agit là du fondement de l'objectivité scientifique.

Cette distinction entre la théorie et l'observation a été défendue dans la première moitié du XXe siècle par les membres du cercle de Vienne. Mais des voix critiques se sont rapidement fait entendre. **Pierre Duhem** (1861-1916), **Karl Popper**, puis **Willard Quine** (1908-2000), successivement, ont rejeté la possibilité de vérifier ou de réfuter une hypothèse théorique à partir d'une expérience cruciale, car les connaissances scientifiques sont solidairement liées les unes aux autres de telle manière qu'aucune hypothèse ne peut être testée isolément du reste du savoir. Cela signifie que la mise en question expérimentale d'une hypothèse donnée peut impliquer la révision d'autres théories comme celles qui permettent de comprendre le fonctionnement de l'appareil de mesure ou d'autres encore plus éloignées. Autrement dit, **lorsqu'un résultat expérimental ne correspond pas aux attentes théoriques, c'est la totalité du savoir théorique qui est en jeu et pas seulement l'hypothèse initiale**.

Par la suite, des philosophes comme **Norwood Hanson** (1924-1967) et **Thomas Kuhn** (1922-1996) ont tenté de montrer, à partir de l'étude de l'histoire des sciences, que **notre manière de voir et d'interpréter les phénomènes est directement liée à notre manière de concevoir le monde**. En d'autres termes, l'observation est déjà elle-même chargée de théorie.

Des études de psychologie de la perception viennent appuyer la thèse selon laquelle nos attentes théoriques déterminent en partie le contenu de nos observations. Cela implique que l'expérience ne peut pas jouer le rôle de juge impartial qui lui était jusque-là réservé. Dès lors, la vérité et l'objectivité des sciences sont remises en question.

Pour les philosophes grecs, la connaissance rationnelle, théorique, prime sur l'expérience sensible. Ainsi, **Platon** rejette tout ce qui a trait au monde sensible, qui n'est qu'apparences, tandis qu'**Aristote** accorde une valeur à l'expérience particulière, mais privilégie la connaissance abstraite.

Bacon est l'un des premiers philosophes à proposer une méthode inductive pour les sciences où la théorie est issue de l'expérience et doit être confirmée par elle.

Descartes et les philosophes rationalistes pensent que la connaissance de la vérité passe par la seule raison et peut se passer de toute expérience.

Au contraire, **Hume** et les philosophes empiristes affirment que l'expérience est la source et l'ultime garant de la connaissance du réel.

La discussion entre les rationalistes et les empiristes est tranchée par **Kant**, qui élabore une synthèse des deux doctrines : toute connaissance empirique est produite conjointement par la sensibilité et l'entendement.

Plus récemment, **Bachelard** renverse notre conception de la connaissance scientifique en affirmant que la théorie précède toujours l'expérience et lui sert de guide.

Enfin, **Popper** ajoute à cela l'idée que les théories ne peuvent pas être confirmées par l'expérience, mais seulement réfutées par elle.

Votre avis nous intéresse !
Laissez un commentaire sur le site de votre librairie en ligne
et partagez vos coups de cœur sur les réseaux sociaux !

POUR ALLER PLUS LOIN

- ARISTOTE, *La Métaphysique*, traduction de Jules Tricot, Paris, Vrin, 1945, tome I.
- BACHELARD G., *La Formation de l'esprit scientifique*, Paris, Vrin, 2000.
- BACHELARD G., *La Philosophie du non*, Paris, PUF, 2012.
- BACON F., *Novum Organum*, traduction de Michel Malherbe et de Jean-Marie Pousseur, Paris, PUF, 2010.
- BERNARD C., *Introduction à l'étude de la médecine expérimentale*, Paris, Flammarion, 2008.
- CHALMERS A., *Qu'est-ce que la science ?*, Paris, La Découverte, 1987.
- DESCARTES R., *Discours de la méthode*, Paris, Vrin, 1984.
- DUHEM P., *La Théorie physique, son objet, sa structure*, Paris, Vrin, 2008.
- HUME D., *Enquête sur l'entendement humain*, traduction d'André Leroy et de Michelle Beyssade, Paris, GF, 2006.
- KANT E., *Critique de la raison pure*, traduction de Jules Romain Barni, Paris, G. Baillière, 1869.
- KUHN T., *La Structure des révolutions scientifiques*, traduction de Laure Meyer, Paris, Flammarion, 2008.
- PLATON, *La République*, traduction d'Émile Chambry, Paris, Les Belles Lettres, 1933, livre VII.
- POINCARÉ H., *La Science et l'Hypothèse*, Paris, Flammarion, 1902.
- POPPER K., *Conjectures et Réfutations*, traduction de Michelle Irène et de Marc B. de Launay, Paris, Payot, 2006.
- POPPER K., *La Logique de la découverte scientifique*, traduction de Nicole Thyssen et de Philippe Devaux, Paris,

Payot, 2002.

TESTEZ VOS CONNAISSANCES !

ASSOCIEZ CHAQUE CITATION À L'EXPLICATION QUI LUI CORRESPOND.

Citations

- **Citation 1 :** « [...] il faut assimiler le monde visible au séjour de la prison, et la lumière du feu dont elle est éclairée à l'effet du soleil ; quant à la montée dans le monde supérieur et à la contemplation de ses merveilles, vois-y la montée de l'âme dans le monde intelligible [...] qui dispense et procure la vérité et l'intelligence. » (PLATON, *La République*, Paris, Les Belles Lettres, 1933, livre VII, 514b-517c)
- **Citation 2 :** « [...] on ne regarde d'ordinaire aucune des sensations comme constituant la science. Sans doute elles sont le fondement de la connaissance du particulier, mais elles ne nous disent le pourquoi de rien : par exemple, pourquoi le feu est chaud ; elles nous disent seulement qu'il est chaud. » (ARISTOTE, *La Métaphysique*, Paris, Vrin, 1945, tome I, p. 5)
- **Citation 3 :** « L'expérience véritable et bien ordonnée allume d'abord le flambeau, puis elle éclaire la route, commençant à l'observation réglée et bien conduite, qui ne se précipite, ni ne s'égare, de là tirant des axiomes, et des axiomes établit des expériences nouvelles [...]. » (BACON F., *Novum Organum*, Paris, PUF, 2010, livre I, aphorisme 81)
- **Citation 4 :** « [...] toutes les lois de la nature et toutes les opérations des corps sans exception se connaissent

seulement par l'expérience [...]. » (HUME D., *Enquête sur l'entendement humain*, Paris, GF, 1983, p. 88)

- **Citation 5 :** « [La] raison doit se présenter à la nature tenant d'une main ses principes, [...] et de l'autre les expériences qu'elle a conçues d'après ces mêmes principes. » (KANT E., *Critique de la raison pure*, Paris, G. Baillière, 1869, préface de la deuxième édition)
- **Citation 6 :** « Quand on recherche les conditions psychologiques des progrès de la science, on arrive bientôt à cette conviction que c'est en termes d'obstacles qu'il faut poser le problème de la connaissance scientifique. » (BACHELARD G., *La Formation de l'esprit scientifique*, Paris, Vrin, 2000)
- **Citation 7 :** « [...] c'est la falsifiabilité et non la vérifiabilité d'un système qu'il faut prendre comme critère de démarcation. [...] un système faisant partie de la science empirique doit pouvoir être réfuté par l'expérience. » (POPPER K., *La Logique de la découverte scientifique*, Paris, Payot, 2002, p. 37)

Explications

- **Explication a :** la raison et l'expérience sont toutes deux incapables d'arriver à la connaissance véritable des choses.
- **Explication b :** à partir de l'observation des phénomènes, il est possible de produire les théories qui les expliquent grâce à l'induction.
- **Explication c :** l'expérience est le fondement de toute connaissance se rapportant au monde extérieur.
- **Explication d :** les sens ne nous montrent que des appa-

rences et des ombres tandis que la vérité n'est accessible qu'à la raison.

- **Explication e :** une théorie dont on ne pourrait pas montrer qu'elle est potentiellement fausse n'est pas une théorie scientifique.
- **Explication f :** la connaissance scientifique part toujours de connaissances antérieures qui s'interposent sur son chemin et dont elle doit d'abord montrer qu'elles sont fausses.
- **Explication g :** la connaissance relève simultanément de la raison et de l'expérience, car la raison organise l'expérience, et celle-ci donne un contenu à celle-là.
- **Explication h :** l'expérience nous apporte une connaissance concrète de ce qui existe, mais pour arriver à la compréhension des choses, la raison est nécessaire.
- **Explication i :** la raison est le fondement unique de toute connaissance véritable.
- **Explication j :** notre manière de voir et d'interpréter les phénomènes est directement liée à notre manière de concevoir le monde.

CHOISISSEZ UN SUJET BAC ET CONSTRUISEZ LE PLAN DE VOTRE DISSERTATION EN Y ASSOCIANT, SI POSSIBLE, CERTAINES DES CITATIONS ET DES EXPLICATIONS REPRISES CI-DESSUS.

- Y a-t-il des questions auxquelles aucune science ne répond ? (bac S 2009)
- L'expérience peut-elle démontrer quelque chose ? (bac

S 2006)
- Notre connaissance du réel se limite-t-elle au savoir scientifique ? (bac S 2001)
- Peut-on dire que toutes les théories scientifiques sont fausses ?
- La science découvre-t-elle ou construit-elle son objet ?
- L'expérience est-elle le garant de l'objectivité ?
- À quoi reconnait-on qu'une expérience est scientifique ?
- Les progrès scientifiques et techniques dépendent-ils de l'expérience ?
- Peut-on connaitre ce dont on n'a pas l'expérience ?

Rendez-vous sur lepetitphilosophe.fr et découvrez :

Plus de 1200 analyses
Claires et synthétiques
Téléchargeables en 30 secondes
À imprimer chez soi

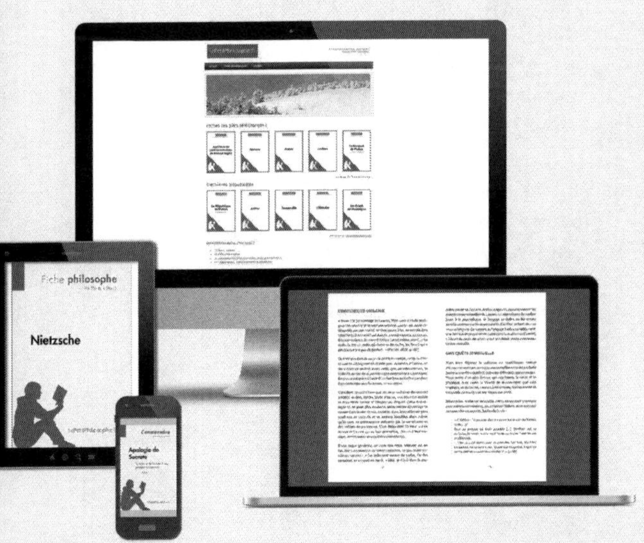

Made in the USA
Monee, IL
07 July 2026

56545211R00017